토머스 에디슨

일러두기

1 이 시리즈는 영국 Franklin Watts 출판사의 「Famous People Famous Lives」 시리즈를 기반으로 국내 창작물을 덧붙인 초등학교 저학년 대상의 인물 이야기입니다.
2 초등학교 저학년이 이해하기 힘든 사건이나 사실들은 편집부에서 설명을 덧붙였습니다.
3 사람 이름이나 지역 이름 등 외국에서 들어온 말은 국립 국어원의 외래어 표기법을 따랐습니다.

Famous People Famous Lives
THOMAS EDISON
by Karen Wallace and illustrated by Peter Kent

Text Copyright ⓒ 1997 by Karen Wallace
Illustrations Copyright ⓒ 1997 by Peter Kent
All rights reserved.

Korean Translation Copyright ⓒ 2008 by BIR Publishing Co., Ltd.
Korean translation edition is published by arrangement with Franklin Watts,
a division of the Watts Publishing Group Ltd. through Imprima Korea Agency.

이 책의 한국어판 저작권은 Imprima Korea Agency를 통해 저작권사와 독점 계약한 **(주)비룡소**에 있습니다.
저작권법에 의해 한국 내에서 보호를 받는 저작물이므로 무단 전재와 무단 복제를 금합니다.

토머스 에디슨

캐런 월리스 글 피터 켄트 그림 이다희 옮김

비룡소

　토머스 에디슨은 1847년 미국 오하이오주의 밀런이라는 마을에서 일곱 남매 가운데 막내로 태어났어요. 에디슨은 네 살 때까지 말을 잘 못했어요. 또 감기와 귓병을 자주 앓아 엄마가 걱정을 많이 했지요.

에디슨은 어릴 때 귀에 생긴 염증 때문에 커서도 잘 듣지 못했어요. 학교 선생님들은 그것도 모르고 에디슨을 바보라고 생각했지요. 에디슨은 얼마 안 가 학교를 그만두었어요. 대신 집에서 엄마와 공부하면서 책을 많이 읽었지요.

　호기심이 많았던 에디슨은 집에서 엉뚱한 실험들을 하기도 했어요. 고양이 두 마리를 비벼 털에서 불꽃을 일으키려고 하는가 하면, 거위알을 품고 앉아 있다가 엄마를 놀라게 한 일도 있었지요.

열두 살 때, 에디슨은 열차 승객들에게 간식과 신문을 팔아 돈을 벌었어요. 실험 도구들을 사려면 돈이 많이 필요했거든요. 조그만 인쇄기로 《위클리 헤럴드》라는 신문을 직접 찍어 내기도 했답니다.

　어느 날, 에디슨이 역에서 쉬고 있을 때였어요. 한 아이가 기차가 들어오는 줄도 모르고 철로에서 노는 게 아니겠어요? 에디슨은 용감하게 철로로 뛰어들어 아이의 생명을 구했어요. 그 아이는 바로 역장의 아들이었지요.
　역장은 아들을 구해 준 에디슨에게 전신기 다루는 법을 가르쳐 주었어요. 전신기는 전기를 이용해 멀리 있는 사람에게 소식을 전하는 기계예요.
　연습에 연습을 거듭한 끝에 에디슨은 곧 일급 전신 기사로 일할 수 있게 되었지요.

에디슨은 전신 기사로 일하면서도 틈틈이 전기와 전류에 관한 실험을 계속했어요. 전신기에 여러 장치를 달아 좀 더 편리하게 만들어 쓰기도 했지요. 에디슨은 한 개의 전선을 통해 정보를 보내는 동시에 받을 수 있는 기계도 만들고 싶었어요.

하지만 에디슨의 윗사람은 그런 데 관심이 없었어요. 결국 에디슨은 직장을 그만두고 큰 도시인 뉴욕으로 떠났지요. 자신이 생각한 것들을 마음껏 만들어 보기로 결심한 거예요.

스물세 살 때, 에디슨은 처음으로 제대로 된 발명품을 만들었어요. '주식 시세 표시기'라고 하는 것이었죠. 증권 시장에 대한 정보를 알려 주는 기계였어요.

사람들은 그 기계 덕분에 주식이나 상품 가격이 어떻게 변하고 있는지 쉽게 알 수 있었어요.

에디슨은 나중에 이 기계를 더 좋게 고친 다음 부유한 사업가에게 큰돈을 받고 팔았어요. 에디슨은 그 돈으로 공장을 세우고 발명품을 만드는 데 온 힘을 기울였어요.

에디슨은 매일 오랜 시간 동안 일했고 직원들도 그렇게 하기를 바랐어요. 하지만 돈을 벌어들이는 데는 별 관심이 없었어요. 단지 풀리지 않는 어려운 문제를 해결하는 게 좋았고 모르던 사실을 배우는 게 즐거울 뿐이었죠. 에디슨은 귀가 잘 들리지 않는 것이 오히려 발명에 도움이 된다고 생각했어요.

　1871년 크리스마스 날, 에디슨은 회사 직원이었던 메리 스틸웰과 결혼식을 올렸어요. 그런데 결혼식이 끝난 지 채 한 시간도 지나지 않아 연구실로 급히 돌아갔지요. 그날 밤 에디슨은 실험에 몰두하느라 자정이 넘어서야 집에 돌아왔답니다.

에디슨과 메리는 세 명의 아이를 낳았어요. 늘 바빠 아이들과 많은 시간을 함께 보내지는 못했지만 에디슨은 아이들을 무척 사랑했어요. 딸에게 직접 인형을 만들어 주기도 했지요.

에디슨은 발명품을 만들어 사업을 하기도 했어요. 그런데 번 돈을 관리하는 데는 소질이 없었어요. 게다가 정직하지 못한 사업가들이 에디슨을 속였고, 욕심쟁이 변호사들은 툭하면 소송을 걸어 에디슨을 힘들게 했지요.

결국 에디슨은 발명품을 만들어서 파는 사업을 잠시 접어 두고 자신이 가장 잘할 수 있는 일을 하기로 마음먹었어요.

바로 새로운 기계를 발명하는 것이었죠!

1876년 에디슨은 발명에 집중하기 위해 조용한 시골로 이사했어요. 그리고 그곳에 큰 공장과 실험실을 지었지요.

그 무렵 알렉산더 벨이 전화기를 발명했어요. 멀리 떨어져 있는 사람과도 이야기를 할 수 있게 된 거지요.

알렉산더 벨

내가 만든 최초의 전화기랍니다.

하지만 벨의 전화기에는 몇 가지 문제가 있었어요. 특히 말하는 부분과 듣는 부분이 하나로 되어 있어 사용하기에 불편했지요.

더 큰 문제는 아무리 크게 말해도 소리가 잘 전달되지 않는 거였어요. 웨스턴 유니언이라는 회사에서 에디슨에게 이 문제를 해결해 달라고 부탁해 왔어요. 에디슨에게는 쉽지 않은 일이었어요. 귀가 좋지 않았으니까요. 그런데 오히려 에디슨은 전화기가 잘 들리는 방법을 찾는 데 열심히 매달렸지요.

에디슨은 먼저 귀에 대고 듣는 수화기와 입에 대고 말을 전하는 송화기를 따로 만들었어요. 그런 다음 소리를 잘 전달하기 위해 송화기를 어떻게 고칠지 실험했지요.

1877년 말, 에디슨은 드디어 방법을 찾아냈어요.

탄소 알갱이를 다져서 작은 단추만 하게 만든 후 송화기에 넣었더니 목소리가 크고 깨끗하게 전달되는 거예요. 아주 멀리 떨어진 곳에서도 말이에요.

에디슨은 자신이 만든 전화기의 특허권을 웨스턴 유니언에 팔았어요. 웨스턴 유니언은 이 전화기를 가지고 벨의 회사와 경쟁하다 결국 특허권을 벨의 회사에 팔아넘겼지요. 에디슨은 이 전화기로 큰돈을 벌었어요.

에디슨은 그 돈을 다음 발명품을 만드는 데 썼어요.
그 발명품은 바로 '축음기'였어요.

축음기는 말소리를 저장했다가 다시 들려주는 기계였어요. 기계가 말을 하다니, 그야말로 놀라운 발명품이었죠. 축음기의 발명으로 에디슨은 전 세계에 이름이 알려지게 되었어요.

에디슨은 축음기 발명으로 미국 대통령의 초대를 받기도 했어요. 당시 유명한 발명가들도 축음기에 많은 관심을 보였어요. 사람들은 에디슨을 '마법사'라고 불렀지요.

　에디슨은 회사를 세워 축음기를 생산하려고 했어요. 하지만 당시는 먹고살기도 힘든 시절이었던 데다 축음기의 소리도 그다지 좋지 않아서 사람들의 관심이 금방 사라져 버렸지요.
　그러자 에디슨은 또 다른 것에 관심을 갖기 시작했어요. 바로 백열전구였죠.

　그때는 거리나 집 안에서 불을 밝힐 때 가스등을 썼어요. 몇몇 등대에서 전기를 쓰기도 했지만, 빛이 워낙 강해서 실내에서는 사용할 수가 없었거든요.

에디슨은 적은 양의 전기로도 오래가고 안전한 전구를 발명하고 싶었어요. 그러기 위해서는 먼저 전기로 열을 가했을 때 빛이 나는 물질을 찾아야 했지요.

 수많은 실험을 거듭한 끝에 에디슨은 백금 필라멘트가 들어 있는 백열전구를 발명해 냈어요. 가느다란 선 모양의 필라멘트는 전류가 흐르면 빛과 열을 냈어요.

에디슨은 백열전구의 발명을 서둘러 발표했어요.

백열전구에 대한 사람들의 관심과 기대는 정말 대단했어요. 수십 년 동안 많은 사람이 백열전구를 만들기 위해 노력했지만 번번이 실패로 끝났거든요.

 하지만 심각한 문제가 남아 있었어요. 에디슨이 발명한 전구가 십 분 만에 타 버린 거예요. 또 백금 가격이 비싸다는 것도 문제였지요.

큰 회사들은 에디슨이 더 연구할 수 있도록 도와주었어요. 덕분에 에디슨은 다시 연구에 몰두할 수 있었지요. 연구를 하다가 눈이 멀 뻔하기도 했지만 에디슨은 마침내 값싸고 오래가는 백열전구를 발명해 냈어요. 일 년여간 천오백 가지가 넘는 재료로 실험한 끝에 얻은 결과였지요.

하지만 대부분의 집과 사무실에서 백열전구를 사용하려면 여러 시설들이 필요했어요. 전기 에너지를 만드는 발전소도 있어야 했고, 전기를 발전기에서 전구로 옮기는 장치들도 만들어야 했지요.

가장 큰 문제는 사람들이 여전히 전기가 가스를 대신할 수 있다고 생각하지 않는 거였어요. 그래서 에디슨은 뉴욕에 아주 크고 화려한 집을 빌린 다음 깜짝 놀랄 만한 계획을 세웠어요. 바로 이 집과 온 시내를 전깃불로 환하게 밝히는 거였지요.

에디슨은 발전기를 만들고, 도로에 전선을 깔아 계획을 행동으로 옮겨 나갔어요.

1886년 에디슨은 새 실험실과 공장으로 자리를 옮겨 실험을 계속했어요.

　그즈음 알렉산더 벨이 에디슨의 축음기보다 소리가 더 잘 나오는 '그래포폰'이라는 기계를 발명했어요.

　자극을 받은 에디슨은 자신의 축음기를 꼼꼼하게 살펴보면서 다시 연구하기 시작했지요. 일 년도 채 안 되어 에디슨은 음악을 녹음하고 재생할 수 있는 새 축음기를 만들어 냈어요. 소리가 좋지 않아 사람들 관심 밖으로 밀려났던 축음기가 새로 태어난 거예요. 에디슨은 이 기계를 생산해 많은 돈을 벌었답니다.

몇 년 후, 에디슨은 또 하나 반짝이는 생각을 해 냈어요. 사진에 관심이 있는 동료와 함께 최초로 활동사진을 찍을 수 있는 카메라인 '키네토그래프'와 활동사진을 볼 수 있는 '키네토스코프'를 만든 거예요. 소리뿐만 아니라 움직임도 저장했다가 다시 볼 수 있게 된 거지요.

1880년대 말에는 처음으로 전기 자동차가 등장했어요. 전기 자동차는 소음이 적고 유지비가 적게 들어 인기가 좋았어요. 하지만 얼마 못 가 전기를 다시 충전해야 하는 불편함이 있었지요. 에디슨은 전기를 저장해서 오래 쓸 수 있는 축전지를 만들어 이 문제를 해결했어요.

　축전지는 배나 잠수함에 널리 쓰였지만 곧 전기 자동차에는 쓰이지 않게 되었어요. 석유를 쓰는 자동차들이 싼값에 나오면서 전기 자동차의 인기가 떨어진 거예요. 에디슨의 공장에서 일했던 헨리 포드가 자동차 회사를 세워 이 새로운 변화를 이끌었지요.

헨리 포드는 세계 최초로 움직이는 컨베이어 벨트를 활용한 조립 방법으로 자동차를 대량 생산했어요.

1923년경에는 미국 자동차의 반 이상을 포드 자동차 회사에서 만들 정도였지요. 헨리 포드가 사업을 성공하기까지 에디슨이 큰 힘이 되어 주었답니다.

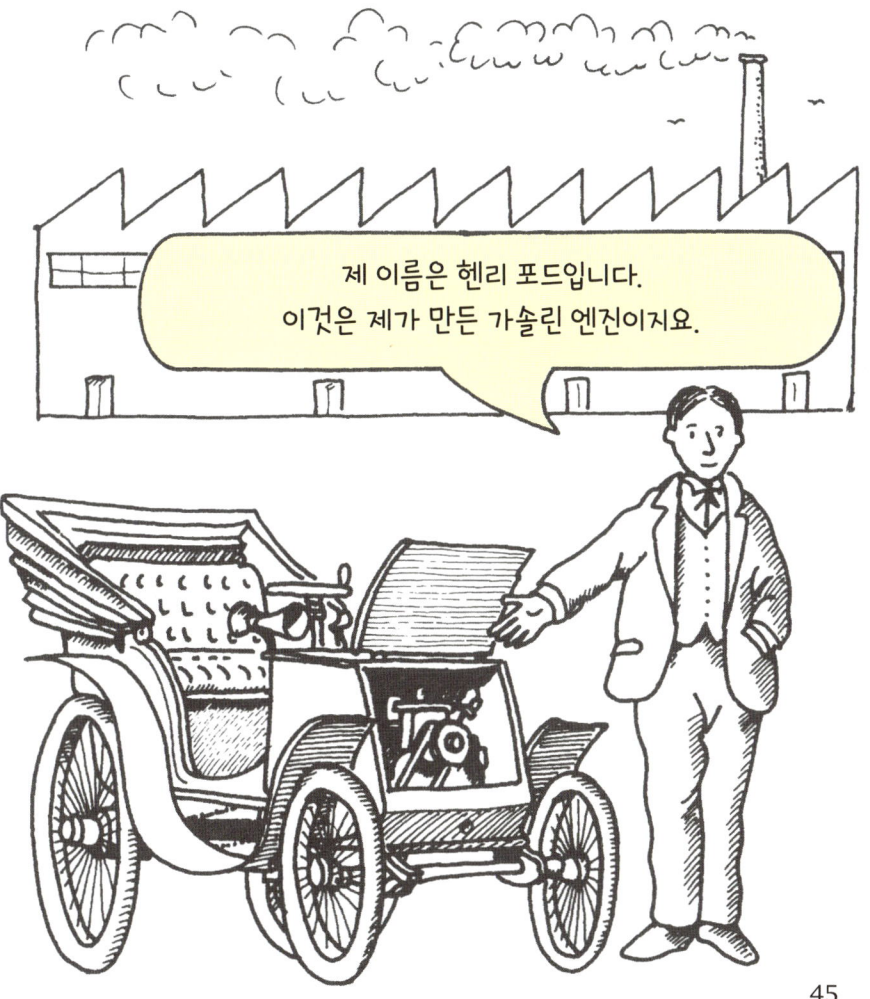

에디슨은 여든 살이 다 되어서야 스스로 일군 거대한 발명 왕국을 떠났어요. 원래 매우 건강했지만 은퇴하고 얼마 지나지 않아 당뇨병과 신장병이 생기고 말았지요. 결국 이 병들을 이기지 못하고 은퇴한 지 사 년 만에 에디슨은 세상을 떠났어요.

장례식이 있던 날 밤, 미국 사람들은 일 분 동안 모든 전깃불을 끄는 것으로 발명왕 에디슨의 죽음을 슬퍼했답니다.

♣ 사진으로 보는 토머스 에디슨 이야기 ♣

'빛의 시대'를 연 토머스 에디슨

에디슨이 1879년에 만든 최초의 백열전구예요.

1800년대 초, 영국의 화학자 험프리 데이비가 전기로 빛을 내는 데 성공했어요. 그 뒤로 수십 년 동안 많은 사람이 이 원리를 이용해 안전한 백열전구를 만들려고 노력했지요. 그런데 번번이 실패했어요. 특히 불이 금방 꺼져 버리는 게 문제였지요. 이 문제를 해결한 사람이 바로 에디슨이에요.

에디슨은 탄소 필라멘트

를 발명하고, 전구 안을 진공 상태로 만들어, 적은 양의 전기로도 오랫동안 빛을 내는 백열전구를 만들어 냈지요. 그리고 각 가정과 사무실에서도 전등을 사용할 수 있도록 발전기를 만들고, 도시 곳곳에 전선을 깔았어요. 우리가 밤늦게까지 책을 보고 일을 할 수 있게 된 것은 이런 에디슨의 노력 덕분이에요.

에디슨이 그가 발명한 백열전구를 들고 있어요.

에디슨은 1878년에 전기 조명 회사를 세웠어요. 이 회사는 후에 세계 최대 기업 중 하나인 제너럴 일렉트릭 사가 된답니다.

멘로 파크의 마법사

1876년, 에디슨은 발명에 집중하기 위해 뉴저지주의 멘로 파크 근교에 실험실과 공장을 지었어요. 이 실험실은 세계 최초의 민간 연구소로 알려져 있어요. 정부 기관에 속하지 않고 개인이 만든 첫 연구소였던 거예요. 이곳에서 에디슨은 탄소 송화기와 축음기, 백열전구 등 뛰어난 발명품들을 만들었지요.

당시 사람들은 에디슨을 '멘로 파크의 마법사'라고 불렀어요.

현재 멘로 파크에는 에디슨 기념탑과 박물관이 세워져 있어요. 1954년, 멘로 파크는 발명왕 에디슨을 기념하기 위해 에디슨 마을로 이름을 바꾸었답니다.

에디슨과 축음기예요. 멘로 파크에서 발명한 초기의 축음기랍니다. 에디슨이 축음기로 맨 처음 녹음한 소리는 「메리에게는 새끼 양이 한 마리 있네」라는 동요 구절이었어요. 에디슨은 자신의 발명품 중에서도 특히 축음기를 좋아했대요.

멘로 파크에 있는 에디슨 기념탑이에요. 높이는 사십 미터이고, 탑의 꼭대기에는 높이 사 미터, 지름 삼 미터인 전구가 씌워져 있지요.

초기 영화의 탄생

사진 기술에도 관심이 많았던 에디슨은 윌리엄 딕슨과 함께 활동사진 촬영 장치인 '키네토그래프'와 재생 장치인 '키네토스코프'를 발명했어요.

키네토스코프의 조그만 구멍을 들여다보면 일 초에 마흔여섯 장의 사진들이 빠르게 지나가면서 마치 사람과 사물이 살아 움직이는 것처럼 보였어요. 최초의 영사기라고 할 수 있지요.

에디슨은 처음에 이 발명품을 대단치 않은 장난감 정도로 여겼대요. 하지만 1894년에 키네토스코프를 뉴욕의 브로드웨이에서 발표하자 엄청난 인기를 끌었어요. 이 장치는 오늘날 우리가 보는 영화가 만들어지는 계기가 되었지요.

 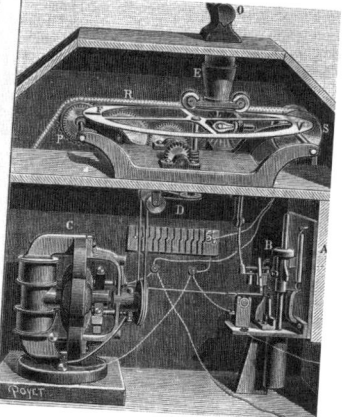

왼쪽 사진은 키네토스코프로 활동사진을 보는 사람의 모습이에요. 오른쪽은 키네토스코프 내부를 찍은 사진이고요. 키네토스코프는 한 사람씩 동전을 넣고 십여 초 동안 구경할 수 있었어요.

에디슨과 자동차의 왕, 헨리 포드

에디슨과 헨리 포드가 포드 자동차에 타고 있는 모습이에요. 운전석에 헨리 포드가 있고, 그 뒤에 에디슨이 앉아 있어요. 포드 자동차 회사를 차린 헨리 포드는 1908년에 'T(티)형 포드'를 내놓아 큰 성공을 거두었지요.

에디슨은 훌륭한 발명가이기도 했지만 뛰어난 사업가이기도 했어요. 에디슨은 실력 있는 직원들을 고용해 능력을 마음껏 펼칠 수 있도록 도와주었지요.

포드 자동차로 잘 알려진 헨리 포드 또한 에디슨의 공장 직원이었어요. 둘은 오랫동안 도움을 주고받은 친구 사이이기도 했지요. 에디슨을 존경했던 헨리 포드는 에디슨의 마지막 숨을 병에 담아 간직했어요. 이 병은 현재 미국 미시간주 디어본에 있는 헨리 포드 박물관에 전시되어 있답니다.

끊임없이 노력한 천재

에디슨은 평생 천 개가 넘는 발명품을 만들어 냈어요. 우리가 알고 있는 백열전구나 축전지, 축음기뿐만 아니라 토스터, 온풍기, 와플 기계 같은 생활 도구들도 많았지요. 제1차 세계 대전 무렵에는 사형 기구나 전쟁 무기처럼 잔인한 기계들도 만들었어요. 필요하다면 뭐든지 발명했지요.

그런 점에서 에디슨을 비판하는 사람들도 있어요. 하지만 실패를 두려워하지 않고, 열심히 노력하는 자세만큼은 누구도 따를 수 없지요.

에디슨은 메모광!

에디슨은 책 읽는 것을 아주 좋아했어요. 그리고 보거나 들은 것들을 늘 들고 다니는 공책에 적는 메모광이었지요. 실험 방법이나 아이디어들도 모두 기록해 두었어요. 남아 있는 실험 공책만도 삼천사백여 권이나 된대요.

에디슨이 실험실에서 연구를 하는 모습이에요. 에디슨은 여든 살이 넘어서까지 발명에 대한 의지를 불태우며 끊임없이 연구했지요.

호기심이 많고 생각도 많았던 에디슨은 이런 말을 했어요.

"나는 삼백 년을 살고 싶다. 그래도 항상 바쁘게 살아갈 만큼 충분한 아이디어를 갖고 있다."

에디슨이 읽은 책이에요. 에디슨은 이렇게 책이 너덜너덜해질 만큼 읽고 또 읽었어요.

함께 보면 쏙쏙 이해되는 역사

1840

◆ 1847년
미국 오하이오주
밀란에서 태어남.

1830

● 1837~1844년
미국의 새뮤얼 모스가
모스 전신기와 모스
부호를 만듦.

◆ 1882년
전구로 뉴욕시를 밝힘.

● 1888~1889년
활동사진을 찍을 수 있는
카메라 '키네토그래프'와
활동사진을 볼 수 있는
'키네토스코프'를 발명함.

1880

1890

◆ 1895년
이탈리아의 마르코니가
전자파와 안테나를
이용해 무선 통신 장치를
발명함.

◆ 토머스 에디슨의 생애
● 전기·통신의 발달

1870년
증권 시장 정보를 알려 주는 주식 시세 표시기를 발명함.

1871년
메리 스틸웰과 결혼함.

1876년
멘로 파크 연구소를 세움.

1877년
축음기를 발명함.

1879년
백열전구를 발명함.

1870   **1875**

1876년
알렉산더 벨이 전화기를 발명함.

1909년
전기를 저장하는 축전지를 개발함.

1931년
여든네 살에 세상을 떠남.

1900   **1930**

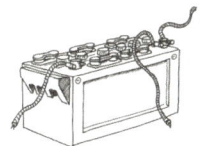

추천사

「새싹 인물전」을 펴내면서

　요즈음 아이들에게 '훌륭한 사람'이 누구냐고 물으면 '돈 많이 버는 사람'이라고 대답한다고 합니다. 초등학생의 태반은 가수나 배우가 되고 싶어 하고요. 돈 많이 버는 사람이나 연예인이라는 직업이 나쁘다는 것이 아니라, 아이들이 각자가 갖고 있는 재능과는 상관없이 모두 똑같은 꿈을 갖는 것 같아 걱정입니다. 또 한편으로는 아이들이 진정 마음으로 닮고 싶은 사람에 대한 정보가 부족한 것은 아닌가 하는 생각도 듭니다.

　어릴수록 위인 이야기의 힘은 큽니다. 아직 어리고 조그마한 아이들은 자신이 보잘것없다고 생각하고 위인들의 성공에 감탄합니다. 하지만 그네들에게는 끝없이 열린 미래가 있습니다. 신화처럼 빛나는 위인들의 모습은 아이들에게 훌륭한 역할 모델이 되고, 그런 삶을 살기 위해 무엇을 어떻게 해야 할지를 알려 주는 밝은 등대가 됩니다.

　그렇다면 우리가 어른으로서 아이들에게 권해야 할 위인전은 무엇일까요? 보통 우리가 생각하는 '위인'은 훌륭한 업적을 남긴

위대한 사람, 멋지고 능력 있는 사람입니다. 하지만 시대가 변했으니 아이들이 역할 모델로 삼을 수 있는 위인의 정의나 기준도 변해야 할 것입니다.

　그런 의미에서 비룡소의 「새싹 인물전」은 종래의 위인전과는 다른 점이 많습니다. 시리즈 이름이 '위인전'이 아닌 '인물전'이라는 데 주목하기 바랍니다. 「새싹 인물전」은 하늘에서 빛나는 위인을 옆자리 짝꿍의 위치로 내려놓습니다. 만화 같은 친근한 일러스트는 자칫 생소할 수 있는 옛사람들의 이야기를 일상에서 만날 수 있는 재미있는 사건처럼 보여 줍니다.

　또 하나, 「새싹 인물전」에는 위인전에 단골로 등장하는 태몽이나 어린 시절의 비범한 에피소드, 위인 예정설 같은 과장이 없습니다. 사실 이런 이야기들은 현대를 사는 아이들에게는 황당하고 이해하기 힘든 일일 뿐입니다. 그보다는 천 리 길도 한 걸음부터, 큰 성공도 자잘한 일상의 인내와 성실함이 없었다면 이루어질 수 없었다는 것을 알려 주는 것이 중요합니다. 세상 사람들의 우러름을 받는 이들도 여느 아이들과 같은 시절을 겪었음을 보여 줌으로써, 아이들에게 괜한 열등감을 주지 않고 그네들의 모습을 마음속에 담을 수 있도록 해 주는 것입니다.

　덧붙여 위인전이란 그 인물이 얼마나 훌륭한 업적을 남겼는가 보여 주는 것도 중요하지만, 얼마나 참된 인간다움을 보였는가를 알려 줄 필요도 있습니다. 여기서 '인간다움'이란 기본적인 선함과 이해심, 남을 위해 봉사할 수 있는 사랑과 배려, 그리고 한 가지 목표를 설정하고 앞으로 나아갈 수 있는 의지와 용기를 말합니다. 성취라는 결과보다는 성취하기 위한 과정을 보여 주고, 사회적인 성공보다는 한 인간으로서 얼마나 자기 자신에게 철저하고 진실했는지를 보여 주는 것이 중요하다는 것입니다.

　하지만 아무리 좋은 가르침도 사랑과 따뜻함이 없으면 억누름과 상처가 될 뿐이겠지요. 「새싹 인물전」은 나의 노력과 의지에 따라 얼마든지 의미 있는 삶을 살 수 있음을 알려 줍니다. 내가 알고 있는 삶 외에도 또 다른 삶이 존재할 수 있다는 것, 꿈을 키우고 이

루어 가는 과정에서 배우고 경험하게 되는 것들의 가치, 그런 따뜻함을 담고 있는 위인전입니다. 부디 이 책이 삶의 첫발을 내딛는 아이들에게 좋은 길잡이가 되었으면 하는 바람입니다.

기획 위원
박이문(전 연세대 교수, 철학)
장영희(전 서강대 교수, 영문학)
안광복(중동고 철학 교사, 철학 박사)

● 사진 제공

48쪽, 50쪽(아래), 51~53쪽_ 토픽 포토 에이전시. 49쪽, 50쪽(위)_ 위키피디아.

글쓴이 **캐런 월리스**
캐나다에서 태어나 퀘벡의 울창한 숲과 강에서 어린 시절을 보냈다. 열한 살 때 영국으로 갔고, 런던 대학교에서 영문학을 공부했다. 남편과 작은 출판사를 운영했으며, 현재는 다양한 주제의 어린이 책을 쓰는 데 몰두하고 있다. 작품으로는 『마리 퀴리』 등이 있다.

그린이 **피터 켄트**
글도 쓰고 그림도 그리는 어린이 책 작가이다. 작품으로 『헨리 포드』, 『모차르트』 등이 있다.

옮긴이 **이다희**
펜실베이니아 주립 대학교에서 철학을, 서울 대학교 대학원에서 서양 고전학을 공부했다. 옮긴 어린이 책으로 『위풍당당 질리 홉킨스』, 『신데렐라』, 『마리 퀴리』, 『루이 브라유』, 『벤의 트럼펫』 등이 있다.

새싹 인물전 008 **토머스 에디슨**

1판 1쇄 펴냄 2008년 10월 2일 1판 16쇄 펴냄 2020년 5월 22일
2판 1쇄 펴냄 2021년 5월 28일 2판 3쇄 펴냄 2024년 1월 18일

글쓴이 캐런 월리스 그린이 피터 켄트 옮긴이 이다희
펴낸이 박상희 편집장 전지선 편집 김솔미 디자인 박연미, 신현수
펴낸곳 **(주)비룡소** 출판등록 1994.3.17. (제16-849호)
주소 06027 서울시 강남구 도산대로1길 62 강남출판문화센터 4층
전화 02)515-2000 팩스 02)515-2007 홈페이지 www.bir.co.kr
제품명 어린이용 각양장 도서 제조자명 **(주)비룡소** 제조국명 대한민국 사용연령 3세 이상

ISBN 978-89-491-2888-7 74990
ISBN 978-89-491-2880-1 (세트)

「새싹 인물전」 시리즈

001 **최무선** 김종렬 글 이경석 그림
002 **안네 프랑크** 해리엇 캐스터 글 헬레나 오웬 그림
003 **나운규** 남찬숙 글 유승하 그림
004 **마리 퀴리** 캐런 월리스 글 닉 워드 그림
005 **유일한** 임사라 글 김홍모·임소희 그림
006 **윈스턴 처칠** 해리엇 캐스터 글 린 윌리 그림
007 **김홍도** 유타루 글 김홍모 그림
008 **토머스 에디슨** 캐런 월리스 글 피터 켄트 그림
009 **강감찬** 한정기 글 이홍기 그림
010 **마하트마 간디** 에마 피시엘 글 리처드 모건 그림
011 **세종 대왕** 김선희 글 한지선 그림
012 **클레오파트라** 해리엇 캐스터 글 리처드 모건 그림
013 **김구** 김종렬 글 이경석 그림
014 **헨리 포드** 피터 켄트 글·그림
015 **장보고** 이옥수 글 원혜진 그림
016 **모차르트** 해리엇 캐스터 글 피터 켄트 그림
017 **선덕 여왕** 남찬숙 글 한지선 그림
018 **헬렌 켈러** 해리엇 캐스터 글 닉 워드 그림
019 **김정호** 김선희 글 서영아 그림
020 **로버트 스콧** 에마 피시엘 글 데이브 맥타가트 그림
021 **방정환** 유타루 글 이경석 그림
022 **나이팅게일** 에마 피시엘 글 피터 켄트 그림
023 **신사임당** 이옥수 글 변영미 그림
024 **안데르센** 에마 피시엘 글 닉 워드 그림
025 **김만덕** 공지희 글 장차현실 그림
026 **셰익스피어** 에마 피시엘 글 마틴 렘프리 그림
027 **안중근** 남찬숙 글 곽성화 그림
028 **카이사르** 에마 피시엘 글 레슬리 뷔시커 그림
029 **백남준** 공지희 글 김수박 그림
030 **파스퇴르** 캐런 월리스 글 레슬리 뷔시커 그림

031 **유관순** 유은실 글 곽성화 그림
032 **알렉산더 벨** 에마 피시엘 글 레슬리 뷔시커 그림
033 **윤봉길** 김선희 글 김홍모·임소희 그림
034 **루이 브라유** 테사 포터 글 헬레나 오웬 그림
035 **정약용** 김은미 글 홍선주 그림
036 **제임스 와트** 니컬라 백스터 글 마틴 렘프리 그림
037 **장영실** 유타루 글 이경석 그림
038 **마틴 루서 킹** 베르나 윌킨스 글 린 윌리 그림
039 **허준** 유타루 글 이홍기 그림
040 **라이트 형제** 김종렬 글 안희건 그림
041 **박에스더** 이은정 글 곽성화 그림
042 **주몽** 김종렬 글 김홍모 그림
043 **광개토 대왕** 김종렬 글 탁영호 그림
044 **박지원** 김종광 글 백보현 그림
045 **허난설헌** 김은미 글 유승하 그림
046 **링컨** 이명랑 글 오승민 그림
047 **정주영** 남경완 글 임소희 그림
048 **이호왕** 이영서 글 김홍모 그림
049 **어밀리아 에어하트** 조경숙 글 원혜진 그림
050 **최은희** 김혜연 글 한지선 그림
051 **주시경** 이은정 글 김혜리 그림
052 **이태영** 공지희 글 민은정 그림
053 **이순신** 김종렬 글 백보현 그림
054 **오드리 헵번** 이은정 글 정진희 그림
055 **제인 구달** 유은실 글 서영아 그림
056 **가브리엘 샤넬** 김선희 글 민은정 그림
057 **장 앙리 파브르** 유타루 글 하민석 그림
058 **정조 대왕** 김종렬 글 민은정 그림
059 **나폴레옹 보나파르트** 남찬숙 글 남궁선하 그림
060 **이종욱** 이은정 글 우지현 그림

061 **박완서** 유은실 글 이윤희 그림
062 **장기려** 유타루 글 정문주 그림
063 **김대건** 전현정 글 홍선주 그림
064 **권기옥** 강정연 글 오영은 그림
065 **왕가리 마타이** 남찬숙 글 윤정미 그림
066 **전형필** 김혜연 글 한지선 그림
067 **이중섭** 김유 글 김홍모 그림
068 **그레이스 호퍼** 박주혜 글 이해정 그림

* 계속 출간됩니다.